TRAICTÉ
DES RENTES,

Extraict du droict ciuil, des arrests des Cours souueraines, & des Coustumes de diuerses prouinces de la France:

Fort vtile pour la cognoissance de ce Contract qui est des plus necessaires au commun commerce & nego-ciation des hommes.

A PARIS,

Chez Nicolas Rovsset ruë de la Pelletrie à l'Image sainct Iacques deuant la Chaire de fer.

M.DC.XI.

Auec Priuilege du Roy.

LE LIBRAIRE
Aux Lecteurs.

ESSIEVRS,
Ayant eu l'heur
de recouurer
d'vn de mes a-
mis ce petit dif-
cours des rentes,
apres qu'il a efté veu d'vn œil clair
uoyant, & iugé venir de bonne
main, & auoir efté recueilly &
mis en ordre par vn perfonnage
fort verfé au palais, & dreßé au
maniement des affaires du mõde:
I'ay creu que ie ferois tort à plufieurs beaux efprits defireux d'e-
ftre aßiftez par le trauail d'au-
truy à ce qui concerne leur aduã-
cement, & principalement en ce-

A ·ij

ste partie tant requise en la socie-
té ciuile, qui s'y trouue si diligem-
ment, clairement, & doctement
representée, que cest ouurage, ie
m'asseure, ne sera pas estimé indi-
gne d'estre veu par les plus capa-
bles. Pour paroistre sans fard &
desguisement, son prix n'en sera
pas moindre, sa briefueté ne di-
minuera rien de sa valeur : quoy
que c'en soit, i'auray ce me
semble, merité du public d'auoir
mis au net vn trauail de tel poids,
& estime, qui sembloit estre desti-
né à demeurer en perpetuelles te-
nebres. Lisés le donc afin que vous
m'en sçachiez gré. Le profict que
vous en receurez, sera le conten-
tement que i'auray de luy auoir
procuré la lumiere.   A Dieu.

CONSIDERATIONS
sur le faict des Rentes en general.

E Vassal peut engager ou vendre a rachapt son fief ou partie d'iceluy, iusques a trois ans, & le doit signifier à son feodal, & s'il le rachepte ou desgaige dedans lesdits trois ans, n'en doit quint denier, ny autres droicts audit feodal, & s'il ne le signifie ou rachepte dedans lesdits trois ans, ledit feodal peut reprendre la chose venduë ou engagée pour le prix, ou le quint & requint denier a son choix.

Iaçoit que la notification ne fust faicte, suffit le racheter dedans lesdits trois, ans *dubium*, autrement la clauſe, S'IL NE SIGNIFIE fruſtratoire.

L'on tient que le vaſſal ne peut bailler tout ſon fief ſans retenir qu'vn fief en l'air. Auſſi vn vaſſal mettant tout ſon domaine hors de ſa main le confiſque & n'eſt receu à hommage. C'eſt à dire que le feodal en a profict de fief ſi le vaſ-ſal aliene entierement ſon fief.

Mais cela ſemble ſe deuoir entendre quand l'alienation eſt pure & ſimple, non au cas du rachapt ou engagement de noſtre couſtume.

Si le vaſſal vend & conſtituë rente ſur ſon fief autrement qu'en la maniere deſſus deſignée à plus de trois ans, il en doit quint denier, & l'achepteur foy & hommage, & la peut le feodal auant l'hommage receu, prendre pour le prix de la venduë.

Si le vaſſal vend & conſtitue rente perpetuelle ſur ſon fief, il ne le peut au preiudice du feodal, auquel il eſt loiſible d'infeoder ladite rente ſi bõ luy ſemble, & n'eſt contrainct receuoir à hommage le rentier.

Que ſi le fief ſe vend à la charge de la rente, quint denier ſera deu auſſi du

prix de la rente ou de l'eſtimation d'i-
celle, ſi elle n'eſt conſtituee par argent.

Le vaſſal peut bailler ſon fief à rente toût ou partye ſans ſoy demettre de
la foy nõ pas au preiudice du ſeigneur:
Mais ſi celuy qui aura pris à rente rachepte ladicte rente, le quint denier
en ſera deu.

Sy le vaſſal baille ſon fief à cens ou
rente encores qu'elle ſoit perpetuelle,
retenus à luy les foy & hommage, il
n'eſt deu aucun proffict, mais quand il
y aura ouuerture de fief, le ſeigneur
feodal exploictera ſõdict fief ſans auoir
eſgard au bail faict par ſondict vaſſal.

Et prend les fruicts; en ce cas ou
deduicts non payez ſans rembourſe-
ment de labours & ſemences & autres
fraiz, n'eſtoit qu'ils prouinſent de la
part d'vn tiers qui tient à ferme. Tou-
tesfois il s'emble à aucuns que le feodal
ne doit iouir que des fruicts, *fructus ve-*
rò eos eſſe conſtat, qui deductis impenſis ſuper-
erunt l. fructus D. ſolut. matrim. & doit
rendre tous labours & ſemences & autres loyaux couſts ſoit au vaſſal ou autre. *Quia omnis fructus non Iure ſeminis, ſed*
jure ſoli percipitur, DD. ad l. 25. D. de vſufr.

Et faict ainſi les fruicts ſiens depuis ladicte ſaiſie & notification d'icelle deuëment. Voy ce qui en eſt decidé ſur l'article 42. de la couſtume du bailliage de Troyes, il y a bien difference d'vn tiers qui a faict les impenſes de bonne foy & du vaſſal qui de mauuaiſe foy refuſe les droits & debuoirs à ſon ſeigneur, *ſic emphyteuta in culpa perdit emphyteuſim per priuationem, ſed non melioramenta,* comme ils parlent.

Le ſeigneur feodal ſeul peut bailler heritages à tiltre de cens portãt directe Seigneurie & profit de lotz & ventes, ſaiſine & amendes, en ſorte que l'heritage baillé à cenſiue ait eſté noble, pour le regard du bailleur fait roturier, pour le premier, & en ce faiſant le droict de cens noble & feodal, & celuy auquel il appartiẽt que la couſtume appelle ſeigneur Cenſier ou Foncier, eſt tenu faire foy & hommage dudit cens, s'il eſt infeodé, ou faire foy & hommage des heritages par luy baillez à tiltre de cens, s'il n'eſt infeodé, comme dit eſt. Mais le premier ne le peut bailler qu'à rente fonciere ou ſur cens droict de cenſiue ſeigneuriale.

Diuiſion

Diuision des rentes Nobles & premiere espece d'icelles.

Rois sortes de rentes Nobles: premiere quãd le seigneur de fiet bail le les terres de son fief Et pour autãt qu'il en peut bailler par la coustume a cẽs & a rente & apres le seigneur de fief faict infeoder le bail par luy faict, c'est à dire le faire aprouuer & auoir agreable à son seigneur dominãt, & ainsi aduenãt ouuerture du fief seruant, il ne pourra iouïr des terres ainsy baillées à cens & à rente: Mais seullement iouïra de la censiue & de la rente, & le vassal mettra en son adueu & denombrement la censiue & la rente portée par son bail auec la declaration des terres subiectes à icelle, en ce faisant doit faire foy & hommage des cens & rentes, à la charge desquelles il a baillé lesdictes terres de son fief, & s'il aduient que ledit vassal vende ou autrement alliene cette censiue, & cette rente sans retention de foy, l'acquereur sera tenu en faire foy & hõmage au seigneur dominant, & luy payer les droicts feodaux

B

deubs à cauſe de ſon acquiſition, Que
ſi elle n'eſt approuuée infeodée ou
conſentie par le ſieur dominant: telle
rente n'eſt Noble ne ſeigneurialle, ains
ſimple rente fonciere. Auſſi aduenant
ouuerture du fief ſeruant, iouyra deſdits heritages, par ce que le vaſſal ne
peut deſmembrer ſon fief au preiudice
& ſans le conſentemẽt de ſon ſeigneur,
& en ce cas telle rente noble ou feodale.

Seconde eſpece de rentes nobles & feodales.

Econde eſpece des rẽtes Nobles
& feodalles, quãd vn ſeigneur de
fief baille en arrierefief ãlques terres depẽdãtes de ſon fief à la charge de
luy en faire foy & hõmage, & payer chacun an certaine rente en deniers, grain
ou autre eſpece, & faict infeoder le bail
ſuſdit par ſon ſeigneur dominant, ainſi
aduenant ouuerture au fief ſeruant,
il ne iouyra point de l'arrierefief s'il
n'eſt ouuert: Mais ſeulement de la ren-

té deuë à son vassal, & en cas d'alienation de ladite rente sans retention de
foy, l'acquereur sera tenu entrer en
foy & payer au seigneur dominant les
droicts feodaux.

Que si vn fief simplement est baillé
à rente, n'est feodalle, qui est quand le
vassal baille tout son fief ou partie à
rente, en deniers ou grain, sans aucune
retention de foy, ny de censiue ou autre droict Seigneurial, sur ce qu'il a
baillé, & est simple rente fonciere: Et
en ce cas l'acquereur est tenu entrer
en foy enuers ledict dominant, &
payer les droicts feodaux à cause de
son acquisition, & si l'ancien vassal a-
lienne la rente qui luy est deuë, l'acquereur d'icelle ne sera tenu d'entrer en
foy.

La troisiesme espece de Rente Noble.

LA troisiesme espece de Rente
noble, est quand le vassal a creé
& assigné rente annuelle, perpetuelle, & non rachetable sur son fief

pour foulte departage, efchange ou par
tranfaction ou pour autre iufte caufe,
& que ladicte rente a efté deuëment infeodee, confentie & approuuee par le
feodal, ainfi aduenant ouuerture du
fief feruant, il fera contraint pendant
le temps de fa jouyflance payer les arrerages de ladite rente , auffi les pro-
prietaires & acquereurs d'icelle , font
tenus en faire foy , & payer les droicts
feodaux , partant n'eft la rente noble,
jaçoit qu'elle procede d'heritages feodaux, fi elle n'eft infeodee , confentie
ou approuuée par le feigneur dominant.

Conuient noter que le bail à cens
& rentes , & arrierefief eft cenfé infeodé & approuué quand le vaffal a faict
mention en fon adueu & defnombre-
ment du bail à cens & rente par luy faict,
en iceluy couché lefdits cens & rentes , auec les terres fubiectes à iceux,
ou bien qu'il a mis en fon denombrement les terres par luy baillées en arrierefief auec expreffion du nom &
charge dudit arrierefief, & que le feigneur dominant les a receuz purement
fans aucun blafme ne contredit.

Quand vn heritage est baillé par
mesme contract à foy, hommage, & à
rente par vn seigneur feodal ou censier, comme à quatre deniers de cens,
& quatre sols de rente, n'est necessaire
que le sieur feodal ou censier s'oppose,
ains est le decret entendu faict à ses
charges & droicts seigneuriaux, en faisant apparoir du contract de la creation du cens & de la rente ensemblement, ou bien du contract, portant
la concession & inuestiture du fief auec
promesse de foy & hommage, & de
rente ensemblement.

Autrement on presumera que telle
rente n'est qu'vn sur cens & simple rēte fonciere, qui s'estainct par le moyen
du decret iudiciairement faict sans opposition preallable pour ladicte rente:
Mais telle rente noble seigneurialle &
feodalle ne se prescript non plus que le
cens.

Il semble qu'où il y a haulte iustice
& fonciere, que l'on peut bailler a censiue ainsi que des terres feodales, Aussi
quand il est dict que *pour auoir droict de*
censiue, il est debesoin d'auoir fief, cela s'en-

tend primordialement & lors de la
creation de ladite cēsiue , parce qu'vn
seigneur feodal peut purement vendre, cedder & transporter le droict de
censiue qui luy appartient en certains
lieux & endroits de son fief.

Si le fief est donné entierement en
emphyteuse perpetuellement & a touf-
jours la mutation est toute euidente,
partant est deu proffict.

Si le bailleur se reseruoit l'hommage & n'y eust aucune demission de foy,
proffict ne seroit deu, par ce qu'il n'y
auroit de ceste part mutation de personne. C'est ce qui est dit, *profict de fief*
n'est deu en bail de cens à rente: Si le vassal
en retient la foy, videtur contrà. Si le Vassal donne son fief entierement à rente,
par ce qu'en ce cas la retention de foy
seroit inutile, & en seroient deus par
consequent les droicts feodaux , comme par mutation de main, ainsi que dit
a esté cy dessus *ac ita verius*, nonobstant
la retention de foy comme illusoire,
n'ayant plus rien au fonds, ny aucun
droict seigneurial retenu.

Droicts seigneuriaux, fonciers, & censiers & rentes constituées à prix d'argent, lods & ventes, & en quel cas sont deuz.

I L y en a qui veulent dire que les droicts seigneuriaux sont deuz pour donation remuneratoire. Toutefois a esté iugé par ar.1585.qu'au cuns droicts seigneuriaux n'estoient deuz pour choses dõnées en faueur de mariage, bien qu'elles fussent estimées en argent, & dõnées en recompēce de seruices ou bien faicts. Boërius dict Decis.deux cens trente quatre,que par la coustume generale ne sont deuz lots ne ventes pour loüages a dix ans. Acc°. ny plusieurs docteurs n'ont approuvée cette opinion, neantmoins ne sont acquis les lots & vētes,qu'en cas d'alienation,& tel bail indubitablement n'emporte alienation,ny mutation de main & proprieté: Mais par la coustume de

Berry, ſi le bail excede dix ans ſõt deuz proficts de lots & ventes au ſeigneur cenſier, & ſemble qu'en païs couſtu_mier ainſi ſe practique, Car les opiniõs cy deſſus ſont ſuiuant le droict Ro_main.

Idem, par la Couſtume de la Mar_che article 1 2 0. ſi l'heritage ſe baille a louage au deſſus de dix ans a vne lo_cation ou diuerſes reuolutions par vn meſme contract, eſt reputé contract de vente, & en ſont deuz lots & ven_tes, & eſchet la choſe à retraict ligna_ger & prelatiõ pour le ſeigneur. Ainſi tel contract eſt fait en forme de vendi_tion de fruicts pour ledit temps.

Du Moulin ſur l'article cinquante cinq de la Couſtume de Paris quaran_te & vn, dixſept, gl. premier. *num.* cent quatre vingts quatre, tient que ventes ſont deuës quand la vendition de l'v_ſufruict eſt à perpetuité ou quand la location eſt perpetuelle ou bien à cer_taines lignées, Parce que telle conſti_tution d'vſufruict equipole à l'aliena_tion de fond, ou bien ſi l'vſufruict eſt aliené ſeparement de la proprieté en

fraude

fraude du feigneur cenfuel: Pour di-
minuer les droicts & proficts feigneuriaux, comme quand l'vfufruict eft
premierement aliené, & apres la proprieté à celuy qui a acquis ledit vfufruict ou autre perfonne interpofée.
Idem Mol. ad §.13.q.17. & §. 58. *num.* cinquante neuf.

    Ventes ne font deuës pendant la
grace, ou prorogation non excedant
neuf ans. Par ce que c'eft pluftoft vne
alienation de fruict que du fond. Pourueu que la prorogation ne foit au mefme contract premier, par vn feul contract.

Lots & Ventes.

Roicts Seigneuriaux payez
d'vn contract, depuis refolu
fe repetent, fi le contract eft
refolu, & la nullité d'iceluy
declarée, autrement fa repetition n'eft
receuable. Que fi l'achepteur neantmoins fçachant le contract nul a payé
ne peut repeter: *l.1.D. de condict. indeb. vel*

quia Iure debuit putà quia emit à minore. S'il en doute, & est en proces, payant auec protestation peut repeter.

Fut iugé par Arrest 1604. qu'vn contract resolu à cause d'vne hypothecque recelée, si les lots & ventes qui en sont deuz, sont payez, ne se peuuent repeter, parce que le contract n'auoit pas esté nul *ab initio.* Mais qu'il auoit esté seulement annullé, *ex causa & propter culpam contrahentis,* fut iugé par Arrest, que l'acquereur qui auoit deguerpy quatre mois apres son acquisition, à cause des hypotecques ne doit point de lots & ventes. Et s'il s'adiuge par decret à la poursuite des creanciers, ledit acquereur succede au lieu du Seigneur pour auoir les droicts Seigneuriaux du decret, si mieux n'ayme rédre ceux qu'il a receuz de l'acquisition premiere.

L'acquereur d'vne terre qui est en vn fief saisi ne doit payer les lots & ventes au saisi, mais au Fermier & adiudicataire.

La paction faicte à certaine personne de ne demander lots & ventes des acquisitions qui se feront dans vn temps, profite au fils & heritier du stipulant, bien qu'il n'y soit denoncé.

L'adiudicataire d'vne maison est tenu payer les lots & ventes au Seigneur pendant l'appel du decret, en baillant par le seigneur bonne & suffisante caution.

Si vn heritage est vendu auec ses fruicts par vn mesme contract, & vn seul prix, les droicts seigneuriaux sont deuz pour la totalité du prix.

Les lots & ventes sont deuës de la venduë ou contract equipolent à venduë de tels heritages censuels & pour censiue Seigneuriale : sçauoir est trois sols quatre deniers pour liure du sort principal, desquels le vendeur doit la moitié, & l'acheteur l'autre (s'il est dict argent franc au vendeur, l'acheteur l'en doit acquiter) personnellement, en demeure neantmoins l'heritage chargé & hypothecqué pour le tout, ensemble pour les defaulx & amandes. Ce qui se doit entendre seulement de l'acquisition faicte par le nouueau acquereur, & non des lots & ventes, defaulx & amandes, deuz par ses autheurs, desquels il a le droict. Mais du Moulin

tient du contraire pour l'hypotecque
& realité, mefmement des redeuances
des deuanciers fur l'article 54. *num.* 28.
ftat. Par ainfi des droicts feodaux. *Quod*
verius.

De maniere que l'on peut conuenir
l'acheteur de payer pour le tout, & en
defaut de ce faire, demander hypotecque fur l'heritage auec permiffion
de le faire decreter & fubhafter, iufques
à plain & entier payement, *etiam directò,*
vt fuprà.

En la Preuofté de Troyes, tous heritages chargez & redeuables de cenfiue, portent lots, ventes, defaulx &
amandes quand le cas y efchet, iaçoit
qu'il n'en foit parlé par le contraƈt du
bail, ainfi de ce qui eft de Seigneurie
directe.

En efchange d'heritages à immeu-
bles, n'y a lots ne vêtes, s'il n'y a foultes,
auquel cas font deux prorata defdiƈtes
foultes: fi l'heritage n'eftoit baillé en
payement, ou la rente conftituée à prix
d'argent, qui equipole à immeuble,
alors feroient deux lots & ventes pour
le prix & fort principal.

Si le vendeur & l'acheteur d'vn heritage chargé de cenſiue, apres que la vendition eſt conſentie, ſe departent de leur conſentement du marché, auant qu'ils partent du lieu, il n'y a lots ne ventes pourueu qu'aucunes lettres n'en ayent eſté paſſees.

Les lots & ventes ſont deuz du vray prix de la choſe venduë, qui reuient au profit du vendeur, non pas des fraiz & loyaux couſts, meſme que s'il eſtoit baillé quelque choſe à la femme pour ſes eſpingles (comme l'on dit) afin de conſentir à la venduë, ou renoncer à ſõ doüaire, n'en ſeroiẽt deubz lots ne vẽtes, n'eſtoit que l'heritage vint d'elle, & fuſt de ſon propre.

Si le Seigneur Cenſier reçoit les lots & ventes, ſans reſeruation ou proteſtation de l'amende, en ce cas ſemble eſtre contenté de la notificatiõ de la vente, que l'on doit faire par la couſtume de Paris, dedans vingt iours apres l'acquiſition, à peine de ſoixante ſols d'amande, & auoir remis par ce moyen l'amande.

S'il a eſté donné en payemẽt quelque rente pour le pris de l'achat de l'heritage vendu, en ſont deubz lots & vẽtes, pour le fort principal de ladicte rente, fans faire diftinction fi elle eft au denier douze, quinze ou vingt, ou plus haute raifon. Arreft mil cinq cens foixante-fept, par lequel l'inthime fut condamné payer les lots & ventes de fix mil liures Pour laquelle la rente de deux cens cinquante liures dont eftoit queftion eftoit rachetable, outre les lots & ventes de la fomme desbourfée par le contract de vendition.

Pour la chofe licitée entre comperfoniers pour ne fe pouuoir diuifer ne font deubz droicts Seigneuriaux, *fecus* fi elle eftoit venduë à vn eftranger qui n'euft auparauāt rien en la chofe, mais il faut que telle vente foit faicte en Iuftice comme neceffaire. Autre chofe feroit fi auparauant ils s'eftoient accordez de vente volontaire, & puis apres à fin de frauder les droicts Seigneuriaux l'euffent faict adiuger par decret.

Vendition faicte *fub pacto retinendi non debetur laudimia quia nō eft noua emptio*, & les droicts feigneuriaux en appartiennent au fermier, qui eftoit lors du cōtract, nō pas à celuy qui feroit lors du remeré. Mesmement quand il y auroit supplement, depuis pendans les années du rachapt, *aliud*, si les années dudict rachat expirées, l'on faisoit nouueau contract, ou qu'il y eust prolongation du remere auec supplement de prix, appartiendroient les droicts seigneuriaux, à cil qui seroit fermier alors. Que si le rachat ne se faict dans le temps du remeré, mais hors d'iceluy, sont deubs lods & ventes, pour l'interpretation, faut rapporter ce qui est en la Coustume de Bourbonnois, si l'heritage est racheté dans le temps de la faculté accordée en faisant le contract de vendition, ou depuis prorogé dans le temps ne sont deubs lods ne ventes pour le rachat, mais ou ladicte faculté seroit donnée par interualle de temps apres la vendition, & non en faisant ladicte vente, ou apres que ledit temps de rachat seroit passé, lods & vetes sont deubs, côme de la premiere acquisition, si ce n'estoit que l'on se feust departy du contract pour cause necessaire. *l. si post perfectam vt potè in casu l. C. de euict.* Comme s'il estoit pignoratif & vsuraire, & par iustice.

Lots & ventes , & autres profits seigneuriaux ou feodaux sont deubs pour heritages, ou rentes baillees en payement de deniers soient dotaux ou autres.

Item si les rentes foncieres assignées & constituées sur heritages censuels, sont apres reuenduës, en sont deubs lots & ventes, & les droicts feodaux en matiere feodale, si elles sont infeodées, par ce que telle rente est reputée faire partie du fond.

Si quelque heritage est baillé par estimation pour argent, en sont deubs les proffits seigneuriaux. *Nam æstimatio emptionem facit, arg. l. plerumque. D. de iure dot. & . quotiens & l. si inter C. eod.*

En vente de succession ou generalité de tous biens, sont deubs les profits seigneuriaux , & audict cas se faict estimation des heritages censuels ou feodaux, aux despens de l'acquereur.

Les droicts seigneuriaux deubs au Seigneur, quand on retire sur luy la chose par luy achetée (par retraict lignager) *videlicet.*

En cas d'eschange, si la chose d'eschange est renduë à l'eschangeur dedans

dans l'an , la fraude eſt euidente au
preiudice des ſeigneurs.

Seigneurie & Iuſtice fonciere, cens ou rente.

LE ſeigneur foncier peut ſur ſon
fonds & iuſtice edifier vn colom-
bier par droiɛt & prerogatiue de ſa ſeigneurie & iuſtice : Mais quant à vne
maiſon, ſi c'eſt *ad æmulationẽ & iniuriam,*
du ſeigneur chaſtelain, & dont il puiſſe
tirer ſcandalle , & dommage , il ne la
peut pas faire par diſpoſition de droiɛt
eſcrit. *l. per prouincias. C. de ædific. priu. l. quicunque caſtellorum loca. de fund. limitrop. lib.
11. Cod.*

Vn bas iuſticier qui ne peut iuger
que iuſques à cinq ſols , ne peut faire
inuentaire , par Arreſt mil cinq cens
nonante ſept.

Les droiɛts ſeigneuriaux ſe doiuent
prouuer par tiltre & par eſcrit , ainſi
complaignant pour rente & ſeruitude
tãt reelle que perſonnelle, doit alleguer
tiltre prouué par eſcrit *cap. 1. de cenſi-*

*bus , quia inquit Marcellus in l. cenſus de
probat. cenſus & monimenta publica potiora
teſtibus eſſe ſenatus cenſuit.*

Seigneur direct pour aſſeurer ſa
rente doit la faire recongnoiſtre de
quarante en quarante ans, autrement
y aura touſiours du danger pour la pre-
ſcription & recongnoiſſance faicte par
ſurpriſe pour le defaut du tiltre pri-
mitif, iaçoit qu'aucuns ayent logé les
droicts de lods & autres de directe, entre les cas de ſimple & abſoluë faculté
qui ne ſe preſcriuent ſinon apres trente ans de la contradiction & denega-
tion du droict pretendu. Mais cela eſt
douteux.

Le ſeigneur foncier & cenſier, eſt
fondé en droict de cens & ſeigneurie
ſur le territoire de la iuſtice: Car iuſtice
fonciere par la couſtume de Paris eſt
d'auoir cens ſur terre qui eſt en la ſeigneurie.

Le ſeigneur cenſier n'a aucun droict
de veſt ne deueſt, parce qu'il n'eſt de
neceſſité, que l'acheteur ſoit en ſaiſine
par le ſeigneur cenſier. Mais peut prendre de ſon authorité, & ſans offence
enuers ledict ſeigneur, la poſſeſſion de

l'heritage à luy vendu.

Si le seigneur direct auquel est escheuë la chose vtile, la vend, pource que la cōsolidatiō a esté faicte par confusion, ny lots ne vētes, ne cens ne luy est deu, s'il ne s'en faict expresse reseruation par le contract de vente. *Item si dominus emit à vasallo rem feudalem, vel censuario, censualē, & postea cognatus iure proximitatis retrahat, omnia iura dominica debētur.*

Mais si le seigneur haut iusticier, vend vn heritage vacant, assis en la haute iustice hors sa censiue, à la charge de la censiue enuers le seigneur censier, ledict seigneur aura les lots & ventes de ladicte vēte. & ne le peut priuer de son droict de censiue.

La quictance pour trois années dernieres, specifiquement designées en rente & censiue annuelle, produit fin de non receuoir pour les autres precedentes, & ne seroit pour ce subiect, la quictance en termes generaux, *vt potè*, pour les trois dernieres années, sans autrement les specifier, bonne & valable.

Par la Coustume d'Auuergne chap. 17. art. 8. en iustifiant du payement des

trois années dernieres du cens & rente
annuelle, par telmoins ou acquictz va-
lables, l'on demeure quitte de tous les
arrerages precedents.

Bart. & Bald. *in d. l. quicunque de apoch.*
public. lib. 10. *c.* font d'opinion que cela
a bien lieu és contracts d'accenfemēts
& rentes emphyteutiques pour baux
d'heritages, non pas en ce qui eft de la
preftation annuelle par contract per-
fonnel ou teftament.

Toute rente pour bail d'heritage
eft reputée fonciere, auffi la rente fonciere peut eftre reputée feigneurialle &
feodalle.

Vn Sr rentier diuife fa rente, quand
il reçoit d'vn chacun pour fa part, fans
proteftation, ny fans preiudice.

L'on n'eft cōtrainct de receuoir vne
rente folidaire, ny le rachat d'icelle
pour partie melmement des heritiers
du preneur, ou autres plufieurs com-
perfonniers.

Le Seigneur duquel le vendeur a
declaré le fond par luy vendu eftre tenu & mouuant en directe feigneurie &
emphyteofe dans lavente, ne peut con-
traindre l'acheteur de le recognoiftre

pour tel, s'il ne monstre terriers & autres tiltres que ladicte declaration, car
telle declaration se faict plus pour la
descharge du vendeur que pour char-
ger l'achepteur.

Quand la clause du contract porte
promesse de garentir & faire valoir,
l'on n'est receu à deguerpir, bien que
tout soit ruiné & bruslé par cas fortuit.
Arr. 1578. conforme à la coustume re-
formée de Paris.

Seigneur foncier ou censier peut
poursuiure le nouuel acquereur afin
d'exhiber ses lettres d'acquisition, &
en contestation de plusieurs seigneurs
pretendans la redebuance elle est ad-
iugée à l'vn & l'autre s'ils en ont bon
tiltre, mais le plus ancien en tiltre, seul
emportera les droicts seigneuriaux de
lods & ventes.

Partage faict entre coheritiers ou
compersoniers pour raison des droicts
& devoirs deuz aux seigneurs ne faict
preiudice ausdicts seigneurs. Arr. 1551.
& la raison pourquoy le cens n'est di-
uisible, *Quia nemo tenetur partis solutionem*
accipere, Particularis enim solutio multa habet
incommoda. A ce moyen doiuent tous

les detempteurs deſdits deniers conuenir enſemblement & eſlire vn d'en-
tr'eux pour leuer les parts & portions
d'vn chacun, afin que le ſeigneur ſoit
payé par vn ſeul payemēt. Partant n'eſt
deuë qu'vne ſeule amande pour n'a-
uoir payé au terme, & a celuy qui paye
recours contre les codetenteurs pour
leurs parts, tant du deuoir que de l'a-
mande & des fraiz, s'il y en a. S'il y a pluſieurs ſaiſiſſements pour pluſieurs années autant d'amandes que d'années
deuës. Quand c'eſt pour vn meſme cōtract & bail ſi l'hypotheque depuis n'a-
uoit eſté diuiſée du conſentement du
ſeigneur, par ce moyen chacun detenteur payera le cens eſcheu en ſa part &
pour iceluy l'amande entiere.

Pour eſtre l'amande née faute de
payement du cens, faut que le cens ſoit
redeuable non requerable. Mais *in du-*
bio, il eſt requerable, *alias*, ſont requiſes
deux choſes que le cens ſoit deu à certain iour & en certain lieu pour le faire
redeuable: Au reſte ſi le ſeigneur, ſon
receueur ou procureur reçoit le cens
ſans parler de l'amande, elle eſt cou-
uerte.

Le subiect & renancier redeuable
de censiue, ou rente doit vne fois en sa
vie, faire moustrée oculaire à son sei-
gneu à ses despens, comme il doit faire
& bailler recognoissance a ses despens
s'il sçait son heritage, sinon la fera ledit
seigneur.

Vn premier achepteur, qui a iouy
par vn, deux, trois ou moins de dix
ans (parce que iouyssance de dix ans
equipole à tradition & vesture) sans
soy faire vestir de l'heritage par luy acquis pour la recongnoissance deuë au
seigneur, ores qu'il se puisse defendre
au possessoire, Si est ce qu'il seroit mal
fondé au petitoire, & seroit vn second
achepteur premier en saisine prefera-
ble, mais cela gist où le vest & deuest
a lieu.

En la Coustume de Troyes *minimè*,
si ce n'est en cas de possession ciuille ou
retraict lignager, les offres faictes, & en
cas de refus equipolent à saisine.

Champart ou terrage est vn droict
de gerbes, blé ou legumes, que le seigneur de la terre prend sur le champ
auant que le laboureur enleue ses gerbes, & ainsi est tenu le faire signifier au

seigneur, son receueur ou procureur, & faut suyure la couſtume du lieu, ou le tiltre pour la quote, ſçauoir de dix, treze ou plus ou moins.

Terres ſubiectes à terrages ne peuuent eſtre miſes en pré, paſtures ou edifices, ſans le conſentement du ſeigueur ſur peine d'amande ou de l'indemnité.

Finalement vient à noter pour ce qui eſt allaudial, que le terme d'aleud vient d'vn ancien terme François, leud qui ſignifie ſubiect : comme par le traicté de paix, entre Gontrand Roy d'Orleans, & Childebert Roy de Mets, *Similiter conuenit vt nullus alterius leudes, nec ſollicitet, nec venientes recipiat.*

Saiſie du ſeigneur foncier ou cenſier.

LE ſeigneur pour la cenſiue ou couſtume peut faire brandonner les heritages ruraux, & les fruicts eſtans en iceux, & arreſter le loüage des maiſons, chargées de ladicte cenſiue ou couſtume, & en cas d'oppoſition la
main

main du seigneur demeurera garnie pour vne année seulement & l'amande d'icelle.

Par celle de Paris, il faut offre de ttois années, mais si la saisie est faicte pour les lots & ventes, ce qui se peut pour estre la chose reelle en cas d'opposition, la main leuée y gist, & se doit pouruoir par action & prendre conclusion. *Idem videtur* pour les defaulx & amandes, & droict d'indemnité, pourquoy il est permis saisir pour asseurãce seulement, auec commission sur ce, & en la forme requise, & en cas d'opposition main leuée, & de prendre conclusion.

Ordonnons que tous deniers deuz pour censiues & rentes foncieres & autres redeuances de bail d'heritage perpetuel seront executables par saisie de leurs heritages, terres & possessions subiectes ausdicts deuoirs, & n'auront les possesseurs sur qui les terres auront esté saisies main-leuée pendant le procés si aucun se meut, sinon en consignãt és mains du saisissant trois années d'arrerages des redeuances & droicts pour lesquels la saisie aura esté faite, ou

en faisant deuëment ou promptement
apparoir auoir payé les cens & rentes
dont il sera question pour ladicte saisie,
sans preiudice des droicts des parties,
& de leurs dommages & interests en
fin de cause.

Il y en a qui tiennent, que pour les
lots & ventes l'on y doit procedder par
action, par ce que cela est personnel &
n'emporte hypoteque contre le nouuel acquereur. Mais par la coustume
de Troyes, l'heritage demeure hypote-
qué, aussi bien que pour les droicts feodaux : consequemment la saisie peut
estre faicte principallement ou lesdicts
lots & ventes se peuuent liquider par le
prix de la venduë mesme, & ou le prix
n'est confus en plusieurs heritages diuers, & de diuerses natures & conditions.

L'on peut procedder par saisie, aussi
bien pour la rente fonciere de bail
d'heritage perpetuel & arrerages d'i-
celle, que pour la cesiue de seigneurie:
ainsi pour auoir la main leuée par pro-
uision, faut tousiours les trois années.

Le Brandon est, quand seulement

on arreste les fruicts pendans par les ra-
cines, en signe dequoy on picque dans
la terre vn baston garny de paille ou
autre chose.

Celuy qui a passé recongnoissance
du cens ou rente peut estre executé &
contraint payer iusques à ce qu'il ayt
nommé le detempteur auquel il a trãs-
porté pour le faire payer.

Quand il s'agit du renouuellement
d'vn terrier, le detenteur est tenu exi-
ber non seulemẽt ses tiltres, mais ceux
de ses predecesseurs & auteurs si aucuns il a, dont il sera tenu se purger par
serment s'ils sont veritables. Et en defaut de ce apres la publication dudit
renouuellement de terrier, l'on peut
proceder par saisie de fonds & fruicts.

Bastimens sur heritages censuels.

S I l'on fait bastiment sur vn heritage censuel, il sera censé de
mesme nature *quia superficies ce-
dit solo. Ita quod accrescit alluuione.* Tou-

tefois s'il eſt vendu pour enleuer, ne
ſont deuz lods, ne vétes, ne indemnité,
n'eſtoit que pour le bail d'accéſemēt,
on s'y feuſt obligé de baſtir, Mais s'il
eſt vendu auec le fonds, en ſont deuz
les lods & ventes pour le tout.

Commiſe au Seigneur direct.

Ors que par nonchalāce à faute
de payement ou delict, le fief ou
fond cenſuel eſt commis au Seigneur direct, il n'eſt tenu rembourſer
les meliorations comme choſe à laquelle feroit obligé le tenancier par le
bail, *imò* iaçoit qu'il n'en fuſt tenu ny
aſtrainct par ledict bail : *ſicut & finita
poſt tempus emphyteuſi, quaſi donandi animo
fecerit. l. ſi quis domum §. 1. loc. ibi. ſi quis
ſumptus fecerit quaſi quinquennio fruiturus,
&c. & arg. §. ex diuerſo inſtit. de rerũ diuiſ.
ſi in poſſeſſione conſtituto ædificatore ſoli dominus petat domum ſuam eſſe, nec ſoluat pre-
cium materiæ & mercedes fabrorum, poſſe
eum per exceptionem doli mali repelli, vtique
ſi bonæ fidei poſſeſſor fuerit, qui ædificauit,*

nam scienti alienum solum esse potest obyci culpa, quod ædificauerit temerè in eo solo, quod sciebat alienum esse. Neantmoins si sans nonchalance & delict tel fief ou fond estoit commis, sçauoir faute de succes-seurs legitimes, *aut aliàs,* l'heritier de ce-luy qui a faict les reparations & melio-rations, desquels ne feust le preneur au-trement obligé par le bail, les doit re-couurer.

Le Seigneur vtile ne peut rien faire au preiudice du seigneur direct, sça-uoir si l'heritage estoit basty ou pris à la charge d'y bastir. Le Seigneur vtile ne peut demolir les edifices sans le cõ-sentement du seigneur direct & fon-cier, s'il les a ja demolis payera l'in-demnité. *L. heres in fundo. D. de Vsufr. leg.* Mais hors ces conditions le seigneur vtile peut demolir les edifices sans le consentement du seigneur direct & foncier. Par ce que le premier estat des heritages ne consiste qu'au sol simple.

Cens & rente fonciere.

E cens est indiuidu, iaçoit qu'il soit porté, *puta*, vn sold pour chacun arpent, car la diuision gist entre les compersonniers pour autãt que chacun en possede, non pour le S^r direct, qui incómbe solidairemẽt & pour le tout sur la totalité, & chascune part & portion d'icelle, le plus seur est d'exprimer la solidité en chascune part, sauf le recours en cas de payement, les vns contre les autres à l'esgard de ceux qui n'auroient payé, & à l'occasion desquels on auroit esté contraint, & pour leurs portions virilles & au prorata, *Sicut si emphyteuta decesserit pluribus hæredibus relictis, ac vnus eorum cessauerit in solutione canonis per triennium in Emphytheusi priuati, atque biennium in emphyteusi Ecclesiæ, omnes incidunt in pœnam ad priuationem emphyteusis, & soluentes contra non soluentem, quanti eorum interest, consequuntur, quia contra quemlibet pœna*

committitur in solidum. Iason in l. in emphy-
theuticarijs C. de iure emphyt.

Quand il se trouue vne censiue
estre deuë à deux seigneurs, il n'y a
que l'ancien qui ait les droicts seigneuriaux de lots & ventes, defaux & amandes, & la derniere censiue sera reputée
surcens, si ce n'auoit esté du consentement du premier censier, en ce cas les
droicts seigneuriaux se diuisent par
moitié. D'heritage chargé de censiue
baillé à rente sont deubs lots & ventes, sçauoir au feur de vingt liures
pour la liure tournois de rente ou
cense perpetuelle, par ce qu'en prise
de terre ou reuenu le franc de rente
perpetuelle est estimé valoir pour vne
fois vingt liures tournois.

Non pas ainsi aux fiefs: C'est ce
ce qui est dit en la cõference des Coustumes de Guenois. Que le contraire se
garde és choses censuelles, où pour
bail à rente perpetuelle, ou pensions
d'vn heritage censuel, sont deubs lots
& ventes, non pour rentes constituées
à prix d'argent, à cause dudict heritage
& sur iceluy.

Ita, par la Coustume de Sens art.

123. n'en font deubs aucuns droicts, ne profits feigneuriaux, foit pour la conftitution ou rachat d'icelle. Auffi aduenant ouuerture du fief, le feigneur prendra le profit de fon fief entier fans diminution de profit pour ladicte rente conftituée.

Vn tenancier doncques & feigneur vtile peut foubs-mettre le fond a feruitute & redeuance, mais s'il reuient au feigneur, *iure dominicali* , par commife, tout eft refoult. Voyez les DD. fur la loy *vectigali fundo. D. de pignorib. putà non foluto canone, in emphyteuticis* ou par reuerfion de fief, *in feudalibus.*

Heritages baillez à rente fonciere ou emphiteofe à rachapt fortiffent nature d'heritage, durant le temps qu'elle eft racheptée, en telle maniere que fi l'heritage eft propre de l'vn des conioincts, ladicte rente demeurera propre à fes hoirs, fi elle n'eft racheptée conftant le mariage. Mais y gift remploy, *aliàs* feroit aduantage indirect.

Pour les heritages vendus ou adiugez par decret à la charge de rente rachetable, foit que l'heritage foit fief ou roture eft deu au feigneur du fief,

fief, le quint denier, est au censier les droicts des ventes, tant pour le prix contenu és contracts ou decret que pour le sort principal desdictes rentes, encore que lesdictes rētes ne soiét lors rachetées.

De toutes Rentes foncieres non rachetables, venduës à autres ou delaissées par rachapt, depuis le premier bail sont deues ventes eu esgard au pris de la vente, ou rachat d'icelle rente, tout ainsi que si l'heritage ou partie d'iceluy estoit vendu.

Mais par la Coustume de Troyes qui transporte ou baille son heritage chargé de censiue à rente & rachapt: Le seigneur censier auant le temps du rachapt, prendra si bon luy semble, les lots & ventes de la somme promise, & accordée pour ledict rachat, mais dudict rachat, il n'aura lots & ventes que du prix principal.

Parce que les lots & ventes auoient ja esté pris, ou se deuoient prendre pour ladicte rente, à cause de la premiere alienation & bail à ceste charge.

Par la Coustume de Paris art. 58. pour le premier bail faict d'aucun heritage à rente fonciere non rachetable ne font deubs lots ne ventes, s'il n'y a argent debourfé, *neque poftea vendito fundo ad onus, debentur pro rata reditus.*

Sed dominus petet indemnitatem quod res minoris fit ob reditum côftitutum. Idem fi cen-fuarius conftituit perpetuam feruitutem, vel legit reditum perpetuum.

Bon, en la Couftume de Paris, mais par autre, les lots & ventes font deubs, mefmement pour le premier bail d'heritage cenfuel à rente, pour autres charges reelles *aliud.*

S'il y a remeré qui excedde plus de neuf ans, en font deubs les lots & ven-tes, encore que foit par vn mefme cô-tract, car fi c'eftoit par diuers con-tracts, *& ex interuallo*, n'y a que tenir que les droicts feigneuriaux n'en foient deubs, comme fi c'eftoiët deux venditions volontaires, fi la refolution du contract n'eftoit par neceffité, com-me faute de payement ou garendie de telle refolution, ne feroient deubs aucuns droicts.

Detenteurs d'heritages chargez de cenfiue, ou rente font tenus per-fonnellement de payer lefdictes cenfi-

ue ou rente , & les arrerages qui ef-
cherront apres, & depuis le temps
qu'ils auront efté fommez , & demeu-
rêt certiorez par les feigneurs defdictes
rêtes & cêfiues. Mais quant aux arrerages precedens quittes en renonçant
aufdicts heritages apres conteftation
en caufe, ils en feront tenus pour le
temps qu'ils auront efté detempteurs.

Rentes conftituees à pris d'argent.

RENTE volage, c'eft à dire conftituée a pris d'argent n'eft executoire contre vn tiers detenteur : S'il n'a efté condamné ou qu'il
n'en ayt paffé hypotheque, & telle rente eft immeuble pour eftre partagee
comme chofes immobilieres.

Notandum, qu'execution pour hypotheque de rente, ores qu'il y ait trê-
te ans que les lettres obligatoires aient
efté paffees contre l'obligé, fes fuccef-
feurs, ou biês tenans, eft vallable, moyennant qu'il y ait eu interruption de
prefcription pour la perfonalité dedãs

trente ans, & pour la realité & hypotecque dedans quarante ans. Mais cō-
tre les rentes foncieres & seigneuriales
n'y a prescription quelconque.

Les rentes constituées qui appartiennent à mineurs rachetées pendant leur
minorité, les deniers du rachat ou le
remploy d'iceux en autres rêtes ou heritages sont censez de mesme nature
d'immeubles, pour retourner aux pa-
rens du costé & ligne dont lesdictes
rentes estoient proceddées. *Idem* par la
coustume de Normandie, ce qui a lieu
pareillement pour les deniers proue-
nus du rachat ou raquit des heritages
qui leur ont esté retirez, & semble qu'il
ait lieu. Soit que lesdits mineurs soient
mariez ou non, puis que les vns ny les
autres ne peuuent aliener leurs immeubles, ou choses equipolens à immeubles.

Par quel lieu il faut regler les rentes
constituées, ou du domicille, ou de la
situation des hypotecques, ou du lieu
du contract. Par Arrest dōné mil cinq
cens nonante huict, vne femme de-
meurant à Chaalons sur Marne, où les
rentes constituées sont immeubles,

auoit acquis vne rente fur debteurs de la ville de Victry, ou lefdictes rétes font meubles, & ou les deteurs auoient leurs biens hypotecquez à ladicte rente. Le contract de conſtitution paſſé à Chaa‚ lons, & le lieu de payer la rente y de‚ ſtiné, ainſi la rente declarée im‚ meuble.

Il y en a qui tiennent auſſi qu'vn mary ne pouuoit receuoir le rachat d'vne rente dotale, ſans le conſente-ment de la femme, ſuiuất vne ancienne ordonnance de Charles 6. l'an mil quatre cens vingt vn, car c'eſt vne eſ-pece d'alienation que le mary ne peut faire de ſa ſeulle auctorité.

Iaçoit que par la Couſtume de Pa-ris les rentes conſtituées ſoient immeu-bles. Neantmoins parce qu'elles ſont rachetables, ſi elles ſont baillées en payement; c'eſt vne pure vendition & en ſeroient deuz des droicts ſeigneu-riaux. Autre choſe ſi elles eſtoient bail-lées par forme d'eſchange veritable & non frauduleux és lieux, & entant qu'elles ſont reputées immeubles.

Par la Couſtume de Normandie, ſi elles ſont baillées en eſchange contre

vn heritage, ledit contract eſt ſubiect
à clameur lignagere : *forte* , par ce que
telle rente eſt ſubiecte à rachat , & pendant le temps du rachat reputée meuble, comme par celle de Troyes. Toutefois *nouiſſimè*, par Arreſt de mil ſix
cens deux, elles furent iugées immeubles au profit du ſieur de Vauſſemain,
contre le ſieur de Paſſy ſon gendre. Le
fait eſtoit que par contract du mariage
auec ledit ſieur de Paſſy , le ſieur de
Vauſſemain auoit baillé pour ſa fille
douze mille eſcus en rente conſtituée
qui ſortiroient nature de propre. Ladicte fille deceddée qui auoit laiſſé vn
enfant qui l'auoit ſuruefcu, l'enfant
mort le pere pretend les douze mil eſcus, comme heritier mobilier : Le ſieur
de Vauſſemain dit que ſõt immeubles:
ſortiſſants nature de propres, & ainſi
l'a obtenu ioinct les termes expres du
contract, à quoy la Cour peut auoir eu
eſgard.

Rentes conſtituées d'argent, bled,
vin, ou autre choſe s'il en eſt deu des arrerages pour leſdictes rẽtes cõſtituees,
ledit bled, vin, & autre eſpece ne ſera
apprecié qu'au feur & prix qu'ils au-

ront acquesté lesdictes rentes.

Les moillons de grain pour l'année gisant & courant au plus haut prix, & pour les precedentes à prix cōmun, sinon depuis l'interpellation si aucune y a, aussi au plus haut prix, mais les rentes foncieres & seigneurialles tousiours à plus haut prix. Auiourd'huy par Arrests sans deniers & interpellations precedentes, sont reduites à prix commun.

Auiourd'huy les rentes constituées sont reduictes par Edict au deniez seize, & ne faut exceder à peine d'estre punis, comme vsuriers.

Quand Rēte cōstituée sur l'hostel de ville de Paris est saisie & mise en criees, faut faire les criees, & proclamations deuant la principalle porte de l'Eglise Parrochiale dudict hostel de ville, & mettre affiches & pannonceaux, contre les portes de ladicte Eglise & hostel de ville.

Et quand vne rente constituée par vn particulier est saisie, il suffit faire les criees deuāt la principalle porte de l'Eglise Parrochialle du saisi creancier de ladicte rente, & mettre panonceaux tant contre la maison dudict saisi que la porte de l'Eglise dudict saisi creancier de ladicte rente.

Par la Couſtume de Paris, les rentes conſtituées à prix d'argent, ſont ſubiectes à criées, par ce qu'elles y ſont cenſées immeubles : Ainſi ont eſté criées & ſuhaſtées telles rentes au bailliage de Troyes, jaçoit qu'elles y ſemblent tenir plus de la nature de meubles que d'immeubles.

Si quelqu'vn vend & conſtituë rente ſur ſon heritage à ce ſpecialement hypothequé & alienè, le rentier ſe pourra addreſſer au tiers detéteur afin d'auoir declaration d'hypoteque de ladicte rente & payement des arrerages ſans diſcuſſion ſur le cõſtituant, mais cela s'entend apres la cõdemnation ou recongnoiſſance par hypotheque dudit tiers. C'eſt ce qui eſt dict, rente volage n'eſt executoire contre vn tiers detempteur, ſans condemnation ou recongnoiſſance, *Secus* en hypotheque generale. Car en ce cas que le rentier pourra eſtre payé du vendeur, ne pourra prendre ledict tiers poſſeſſeur à payer ou delaiſſer l'heritage, mais ge. Mais le dict rentier pour interrompre la prescription au temps aduenir aura declaration d'hypoteque , du moins subsidiaire sur les heritages acquis.

Si l'acheteur d'vn heritage est poursuiuy par les creanciers de son vendeur à cause de l'hypotheque , la discution y gist tant contre le principal debteur , que les cautions : aussi tant personnellement que hypotecairement, moyennant qu'ils , & leurs heritages qui viennent à discuter soient presents , c'est à dire au dedans du mesme baillage , où ils sont demeurans, capital ou superieur , & où est assis l'heritage acquesté.

Quod dicitur non extra prouinciam , auant que l'on puisse venir audict tiers possesseur, *ex nouella de fideiuss. & mandator. cap. 2. his verbis , eadem etiam hic existente diuisione super præsentibus & absentibus quam dudum in fideiussor. 109. & Mandatoribus , & sponsoribus ac creditoribus causa debitorum sanciuimus.* Il y en a qui tiennent que la discution est generalle à l'esgard, & en faueur du tiers de-

tenteur qui est de bonne foy, pourueu que les heritages à discuter, soit
du principal deteur ou fideiusseurs, ne
soient, ou eux aussi hors du Royaume:
Mais à l'esgard des fideiusseurs n'y gist
la discution sur le principal debteur, sinon que luy ou ses biens soient au dedans de la prouince, c'est à dire Bailliage principal & superieur.

FIN.

TABLE DES
CHAPITRES CONTENVS
EN CE PRESENT TRAICTE'
des Rentes.

ã ij

FIN.

Extraict du Priuilege du Roy.

PAr Priuilege du Roy donné à Paris le 2.
de Decembre 1610. Signé BRIGARD. Il est
permis à NICOLAS ROVSSET, Libraire en ceste
ville de Paris, d'Imprimer ou faire Imprimer,
*Le Traicté des Rentes, extraict du Droict Ciuil, des
Arrests des Cours Souueraines, & des Coustumes de
diuerses Prouinces de la France.* Et deffences sont
faictes à tous autres de quelque qualité qu'ils
soient, d'Imprimer ou faire Imprimer, vendre
ou distribuer ledit Traicté, pendant l'espace de
six ans sans le consentement dudit Rousset, à
peine d'amende arbitraire, & confiscation des
exemplaires, dommages & interests: Ainsi qu'il
est plus amplement contenu aux lettres de priuilege.

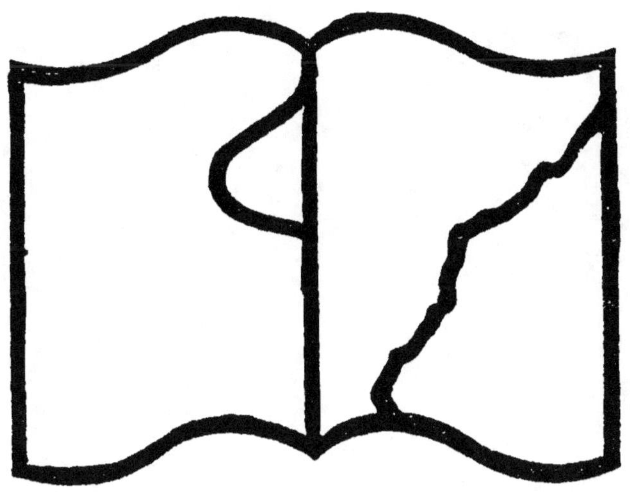

Texte détérioré — reliure défectueuse

NF Z 43-120-11